하루 10분 속담 따라쓰기

1단계

키즈키즈 교육연구소 지음

미래주니어

차례

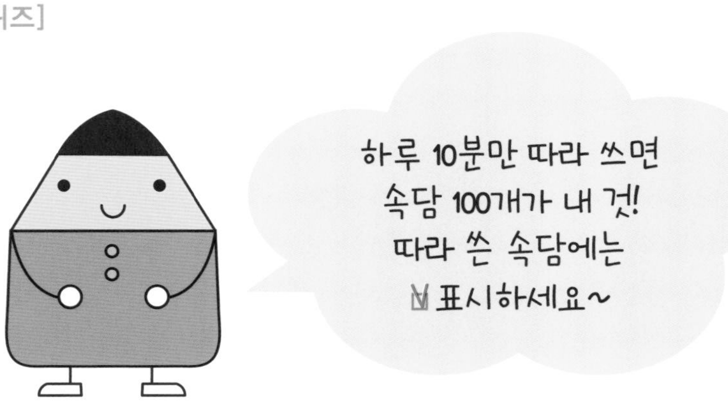

하루 10분만 따라 쓰면
속담 100개가 내 것!
따라 쓴 속담에는
☑ 표시하세요~

ㅂ, ㅅ으로 시작하는 속담

- □ **47.** 바늘 가는 데 실 간다.
- □ **48.** 바늘 도둑이 소도둑 된다.
- □ **49.** 발 없는 말이 천 리 간다.
- □ **50.** 방귀 뀐 놈이 성낸다.
- □ **51.** 배보다 배꼽이 더 크다.
- □ **52.** 백지장도 맞들면 낫다.
- □ **53.** 번갯불에 콩 볶아 먹겠다.
- □ **54.** 벼 이삭은 익을수록 고개를 숙인다.
- □ **55.** 병 주고 약 준다.
- □ **56.** 보고 못 먹는 것은 그림의 떡
- □ **57.** 보기 좋은 떡이 먹기도 좋다.
- □ **58.** 불난 집에 부채질한다.
- □ **59.** 사공이 많으면 배가 산으로 간다.
- □ **60.** 서당 개 삼 년에 풍월을 읊는다.
- □ **61.** 세 살 버릇이 여든까지 간다.
- □ **62.** 소 잃고 외양간 고친다.
- □ **63.** 쇠귀에 경 읽기
- □ **64.** 수박 겉 핥기

[재미있는 속담 퀴즈]

ㅇ, ㅈ으로 시작하는 속담

- □ **65.** 아니 땐 굴뚝에 연기 날까.
- □ **66.** 얌전한 고양이가 부뚜막에 먼저 올라간다.
- □ **67.** 어물전 망신은 꼴뚜기가 시킨다.
- □ **68.** 언 발에 오줌 누기
- □ **69.** 엎드려 절 받기
- □ **70.** 열 번 찍어 안 넘어가는 나무 없다.
- □ **71.** 열 손가락 깨물어 안 아픈 손가락 없다.
- □ **72.** 오르지 못할 나무는 쳐다보지도 마라.
- □ **73.** 우물 안 개구리
- □ **74.** 우물을 파도 한 우물을 파라.
- □ **75.** 원수는 외나무다리에서 만난다.
- □ **76.** 원숭이도 나무에서 떨어진다.
- □ **77.** 윗물이 맑아야 아랫물이 맑다.
- □ **78.** 자다가 봉창 두드린다.
- □ **79.** 자라 보고 놀란 가슴 솥뚜껑 보고도 놀란다.
- □ **80.** 작은 고추가 더 맵다.
- □ **81.** 재주는 곰이 부리고, 돈은 주인이 받는다.
- □ **82.** 쥐구멍에도 볕 들 날 있다.
- □ **83.** 지렁이도 밟으면 꿈틀한다.
- □ **84.** 짚신도 제짝이 있다.

[재미있는 속담 퀴즈]

ㅊ, ㅋ, ㅌ, ㅍ, ㅎ으로 시작하는 속담

- □ **85.** 찬물도 위아래가 있다.
- □ **86.** 참새가 방앗간을 그저 지나랴.
- □ **87.** 천 리 길도 한 걸음부터
- □ **88.** 콩 심은 데 콩 나고, 팥 심은 데 팥 난다.
- □ **89.** 콩으로 메주를 쑨다 하여도 곧이듣지 않는다.
- □ **90.** 토끼 둘을 잡으려다가 하나도 못 잡는다.
- □ **91.** 티끌 모아 태산
- □ **92.** 팔은 안으로 굽는다.
- □ **93.** 평안 감사도 저 싫으면 그만이다.
- □ **94.** 하나를 보면 열을 안다.
- □ **95.** 하늘이 무너져도 솟아날 구멍이 있다.
- □ **96.** 하룻강아지 범 무서운 줄 모른다.
- □ **97.** 형만 한 아우 없다.
- □ **98.** 호랑이 굴에 들어가야 호랑이를 잡는다.
- □ **99.** 호랑이도 제 말 하면 온다.
- □ **100.** 호미로 막을 것을 가래로 막는다.

[재미있는 속담 퀴즈]

머리말

바른 글씨체와 어휘력을 키워 주는 <하루 10분 속담 따라쓰기>

바른 글씨체 연습으로 예쁜 글씨를 만들어 줍니다.

한글을 익히는 연령이 점점 낮아지면서 글자를 익히는 데만 집중하다 보니 바른 글씨체를 갖는 것에 소홀히 하는 경우가 많습니다. 하지만 한 번 익힌 글씨체는 쉽게 고쳐지지 않으며, 어릴 때 글씨체를 바로잡지 않으면 자라서도 글씨체를 고치기가 힘이 듭니다. 또 사람들 앞에서 글씨 쓰는 것을 부끄러워하거나 악필이라는 핸디캡을 갖기도 합니다.

처음부터 바르게 익힌 예쁜 글씨체는 평생 훌륭한 자산이 됩니다. 〈하루 10분 속담 따라쓰기-1단계〉는 어린이들에게 따라쓰기를 하며 자연스럽게 바르고 예쁜 글씨체를 익히도록 도와줍니다.

'쓰기'는 초등 학습의 기본이 되는 교육 중 하나입니다.

초등학교에 입학하면 읽기, 쓰기, 말하기는 가장 기본적인 학습입니다. 자신의 생각을 바르게 전하기 위해서 바른 글씨체를 익히는 것은 필수입니다. 또한 글씨를 잘 쓰면 어릴 때나 어른이 되어서도 주변 사람들의 관심을 받게 되고, 자신감도 갖게 됩니다. 뿐만 아니라 글씨를 한 자 한 자 바르게 따라 쓰다 보면 산만한 마음을 가라앉게 해 주며, 집중력도 함께 길러져 학습에 필요한 기본기를 탄탄하게 다져 줍니다.

대표적인 속담 100개를 따라 쓰며 익힐 수 있습니다.

〈하루 10분 속담 따라쓰기-1단계〉는 속담을 따라 쓰며 바른 글씨체를 익히도록 구성했습니다. 초등 저학년의 눈높이에 맞춰 대표적인 속담 100개를 선별하여 실었으며, 속담 뜻풀이와 생활 속에서 속담이 어떻게 쓰이는지 정리해 두었습니다.

짧은 속담에는 놀라운 힘이 숨어 있습니다. 예로부터 사람들 사이에서 전해 내려오는 속담은 조상들의 지혜와 교훈이 담겨 있습니다. 그래서 속담을 되새기면 생활의 지혜를 얻을 수 있습니다. 속담을 대화 속에 넣어 말하거나 글을 쓰면 훨씬 쉽게 의미를 전달할 수 있고, 어휘력도 쑥쑥 자라납니다.

꾸준히 따라쓰기를 할 수 있도록 격려해 주세요.

따라쓰기는 처음부터 욕심을 내어 하루에 여러 장을 쓰지 않도록 합니다. 한 번에 많이 쓰는 것보다 매일 꾸준히 쓰는 연습을 하는 것이 바른 글씨체와 속담을 익히는 데 더욱 효과적입니다.

'칭찬은 고래도 춤추게 한다.'는 말이 있습니다. 부모의 말 한마디에 아이는 자신감을 가지고 꾸준히 학습할 수 있는 용기를 얻습니다. 작은 변화에도 관심을 가져 주고 아낌없이 칭찬해 주어야 합니다.

01 가는 날이 장날이다.

일을 보러 갔더니 뜻하지 않게 장이 서는 날이라는 뜻이에요.
우연히 생각지도 못했던 일을 겪게 될 때 쓰는 말이에요.

단어 뜻 **장날 :** 지금의 시장이나 마트가 없었던 옛날에는 보통 5일마다 시장이 열렸어요.

바르게 따라 써 보세요.

가	는		날	이		장	날	이	다	.
가	는		날	이		장	날	이	다	.

아래 칸에 맞춰 써 보세요.

가는 날이 장날이다.

이럴 때 이렇게!

- 박물관에 갔는데 가는 날이 장날이라고 오늘이 쉬는 날이래!
- 오랜만에 가는 가족여행인데 가는 날이 장날이라고 비가 오네.

02 가는 말이 고와야 오는 말이 곱다.

내가 상대방에게 좋은 말을 하고 행동하면 상대방도 나에게 좋게 대하고,
반대로 내가 나쁜 말을 하고 행동하면 나에게도 나쁘게 대한다는 뜻이에요.

비슷한 속담 가는 떡이 커야 오는 떡이 크다. / 가는 정이 있어야 오는 정이 있다.

바르게 따라 써 보세요.

가는 말이 고와야 오

가는 말이 고와야 오

는 말이 곱다.

는 말이 곱다.

아래 칸에 맞춰 써 보세요.

가는 말이 고와야 오는 말이 곱다.

이럴 때 이렇게!

- 너 자꾸 친구들 흉보고 다닐래? 가는 말이 고와야 오는 말이 곱다는 걸 모르는구나?
- 가는 말이 고와야 오는 말이 곱다라는 말이 있듯이 서로를 존중해야 하는 거야.

03 가랑비에 옷 젖는 줄 모른다.

가랑비도 한참 동안 맞으면 옷이 젖고 말지요.
아무리 작은 일이라도 거듭되면 큰일이 될 수 있다는 뜻이에요.

단어 뜻 **가랑비 :** 가늘게 내리는 비를 말해요.

바르게 따라 써 보세요.

가	랑	비	에		옷		젖	는		줄 ∨
가	랑	비	에		옷		젖	는		줄
모	른	다	.							
모	른	다	.							

아래 칸에 맞춰 써 보세요.

가랑비에 옷 젖는 줄 모른다.

이럴 때 이렇게!

- 가랑비에 옷 젖는 줄 모르고 용돈을 군것질하는 데 다 써 버렸어요!
- 컴퓨터 게임을 하다 보면 가랑비에 옷 젖는 줄 모르게 시간을 보내게 돼요.

04 가재는 게 편이다.

가재는 게와 생김새가 비슷해서 게 편을 든다는 말이에요.
환경이나 사정이 비슷한 사람들끼리는 같은 편이 되어
서로 이해하고 친해지기 쉽다는 뜻이에요.

바르게 따라 써 보세요.

가	재	는		게		편	이	다	.	
가	재	는		게		편	이	다	.	

아래 칸에 맞춰 써 보세요.

가재는 게 편이다.

이럴 때 이렇게!

- 친하지 않은 친구인데도 같은 반이라고 편을 드는 걸 보니 가재는 게 편이 맞아.
- 가재는 게 편이라더니 개구쟁이들끼리 친구가 되었군.

05 가지 많은 나무에 바람 잘 날이 없다.

가지가 많은 나무는 가지가 적은 나무보다 바람에 잘 흔들려서 잠시도 가만히 있지 않지요. 자식을 많이 둔 부모는 자식들 걱정에 하루도 마음 편할 날이 없다는 뜻이에요.

바르게 따라 써 보세요.

가	지		많	은		나	무	에		바
가	지		많	은		나	무	에		바
람		잘		날	이		없	다	.	
람		잘		날	이		없	다	.	

아래 칸에 맞춰 써 보세요.

가지 많은 나무에 바람 잘 날이 없다.

이럴 때 이렇게!

- 가지 많은 나무에 바람 잘 날이 없다더니 자식이 많으니 하루도 조용할 날이 없네.
- 우리 집은 가족이 많아서 바람 잘 날이 없어요.

06 같은 값이면 다홍치마

값이 같다면 예쁜 치마가 더욱 좋겠지요. 물건을 살 때 같은 가격의 물건들 중에서 더 보기 좋고, 더 나은 것을 고른다는 뜻이에요.

단어 뜻 **다홍치마 :** 산뜻한 붉은색 치마를 말해요.

바르게 따라 써 보세요.

같	은		값	이	면		다	홍	치	마
같	은		값	이	면		다	홍	치	마

아래 칸에 맞춰 써 보세요.

같은 값이면 다홍치마

이럴 때 이렇게!

- 같은 값이면 다홍치마라고 값도 싸고 품질도 좋은 옷을 골라야지!
- 같은 값이면 다홍치마랬어. 이왕이면 예쁜 케이크로 사자.

07 고래 싸움에 새우 등 터진다.

몸집이 큰 고래들이 싸우는데 그 사이에 있던 작은 새우의 등이 터졌어요.
이처럼 힘센 사람들의 싸움 때문에 아무 상관없는 약한 사람들이
그 사이에서 피해를 본다는 뜻이에요.

바르게 따라 써 보세요.

고	래		싸	움	에		새	우		등 ∨
고	래		싸	움	에		새	우		등
터	진	다	.							
터	진	다	.							

아래 칸에 맞춰 써 보세요.

고래 싸움에 새우 등 터진다.

이럴 때 이렇게!

- 고래 싸움에 새우 등 터질 수 있으니 형들이 싸우면 물러나 있는 게 좋아.
- 고래 싸움에 새우 등 터진다고 엄마 아빠가 다투는 바람에 놀이공원에 못 가게 됐어.

08 고슴도치도 제 새끼가 제일 곱다고 한다.

바늘 같은 꼿꼿한 털을 가진 고슴도치도 제 새끼가 제일 예쁘다고 해요.
부모는 자식의 잘못이나 단점을 모르고 무조건 예뻐 보인다는 뜻이에요.

같은 속담 고슴도치도 제 새끼는 함함하다고 한다.

바르게 따라 써 보세요.

고 슴 도 치 도 제 새 끼 가 ∨

고 슴 도 치 도 제 새 끼 가

제 일 곱 다 고 한 다 .

제 일 곱 다 고 한 다 .

아래 칸에 맞춰 써 보세요.

고슴도치도 제 새끼가 제일 곱다고 한다.

이럴 때 이렇게!

- 고슴도치도 제 새끼가 제일 곱다고 아빠는 나만 보면 미스코리아 대회에 나가래요.
- 고슴도치도 제 새끼는 예쁘다더니 아들이 노래만 불러도 가수 뺨친다고 난리네.

09 고양이 쥐 생각한다.

고양이가 쥐를 보면서 속으로는 해칠 마음이 있으면서 겉으로는 잘해 주는 척해요.
사람들도 속마음을 숨기고 겉으로만 생각해 주는 척할 때 쓰는 말이에요.

비슷한 속담 고양이 쥐 사정 보듯

바르게 따라 써 보세요.

고	양	이		쥐		생	각	한	다	.
고	양	이		쥐		생	각	한	다	.

아래 칸에 맞춰 써 보세요.

고양이 쥐 생각한다.

이럴 때 이렇게!

- 고양이 쥐 생각한다더니 선생님한테 고자질할 때는 언제고 이제 와서 걱정해 주는 거야?
- 욕심만 부리는 언니가 양보를 하다니 고양이 쥐 생각해 주는 격이야.

10 고양이한테 생선을 맡기다.

고양이는 생선을 무척 좋아하기 때문에 고양이한테 생선을 맡기면 한입에 먹어 치울 거예요. 이처럼 믿을 수 없는 사람에게 무언가를 맡기면 잃어버릴 수 있다는 뜻이에요.

바르게 따라 써 보세요.

고	양	이	한	테		생	선	을		맡
고	양	이	한	테		생	선	을		맡
기	다	.								
기	다	.								

아래 칸에 맞춰 써 보세요.

고양이한테 생선을 맡기다.

이럴 때 이렇게!

- 고양이한테 생선을 맡기지, 아이스크림을 맡기면 화장실 다녀온 사이 먹어 버릴 거잖아?
- 먹보 대장 동생한테 사탕을 맡기느니 차라리 고양이한테 생선을 맡기지!

11 공든 탑이 무너지랴.

공을 들여 쌓은 탑은 쉽게 무너지지 않는다는 말로,
정성을 다해 한 일은 쉽게 실패하지 않고 좋은 결과를 얻는다는 뜻이에요.

바르게 따라 써 보세요.

공	든		탑	이		무	너	지	랴	.
공	든		탑	이		무	너	지	랴	.

아래 칸에 맞춰 써 보세요.

공든 탑이 무너지랴.

이럴 때 이렇게!

- 열심히 시험 준비를 했으니 잘 볼 거야. 공든 탑은 무너지지 않잖아.
- 공든 탑은 무너지지 않는다고 했으니 이번 대회에서는 내가 우승할 거야.

12 구르는 돌은 이끼가 안 낀다.

한 곳에 머물러 있는 돌에는 이끼가 끼지만, 쉬지 않고 구르는 돌에는 이끼가 끼지 않아요. 이처럼 부지런히 노력하는 사람은 계속 발전한다는 뜻이에요.

단어 뜻 **이끼 :** 습기가 많은 곳에 자라는 식물이에요.

바르게 따라 써 보세요.

구	르	는		돌	은		이	끼	가	
구	르	는		돌	은		이	끼	가	
안		낀	다	.						
안		낀	다	.						

아래 칸에 맞춰 써 보세요.

구르는 돌은 이끼가 안 낀다.

이럴 때 이렇게!

- 구르는 돌은 이끼가 안 끼듯 영어 공부도 매일 해야 영어를 잘할 수 있어.
- 구르는 돌에는 이끼가 끼지 않듯이 달리기 연습을 꾸준히 하면 대회에도 나갈 수 있어.

13 구슬이 서 말이라도 꿰어야 보배

구슬이 아무리 많아도 꿰어 놓지 않으면 쓸모가 없어요. 아무리 좋은 것이라도 잘 다듬고 정리해 쓸모 있는 것으로 만들어야 가치가 있다는 뜻이에요.

단어 뜻 **말 :** 곡식 등의 양을 잴 때 쓰는 단위로, 약 18리터에 해당해요.

바르게 따라 써 보세요.

구	슬	이		서		말	이	라	도	
구	슬	이		서		말	이	라	도	
꿰	어	야		보	배					
꿰	어	야		보	배					

아래 칸에 맞춰 써 보세요.

구슬이 서 말이라도 꿰어야 보배

이럴 때 이렇게!

- 구슬이 서 말이라도 꿰어야 보배라고 IQ는 높은데 성적은 좋지 않아.
- 구슬이 서 말이라도 꿰어야 보배이듯이 좋은 계획도 실천하지 않으면 아무 소용이 없어.

14 굼벵이도 구르는 재주가 있다.

몸이 짧고 뚱뚱해서 잘 움직이지 못할 것 같은 굼벵이도 잘 구르는 재주가 있어서 땅에 떨어져도 다치지 않아요. 아무리 미련하고 못난 사람도 장점이 있다는 뜻이에요.

단어 뜻 **굼벵이 :** 매미의 애벌레로 누에처럼 생겼어요.

바르게 따라 써 보세요.

굼	벵	이	도		구	르	는		재	주
굼	벵	이	도		구	르	는		재	주
가		있	다	.						
가		있	다	.						

아래 칸에 맞춰 써 보세요.

굼벵이도 구르는 재주가 있다.

이럴 때 이렇게!

- 공부는 못해도 달리기는 1등인 걸 보면 굼벵이도 구르는 재주가 있다는 말이 맞아.
- 굼벵이도 구르는 재주가 있다고 청소 하나는 깔끔하게 잘하는군.

15 귀에 걸면 귀걸이, 코에 걸면 코걸이

귀에 거는 귀걸이를 코에 걸고서 코걸이라고 해요.
상황에 따라 이렇게 저렇게 둘러댈 때 쓰는 말이에요.

바르게 따라 써 보세요.

귀	에		걸	면		귀	걸	이	,	코
귀	에		걸	면		귀	걸	이	,	코
에		걸	면		코	걸	이			
에		걸	면		코	걸	이			

아래 칸에 맞춰 써 보세요.

귀에 걸면 귀걸이, 코에 걸면 코걸이

이럴 때 이렇게!

- 귀에 걸면 귀걸이, 코에 걸면 코걸이라고 야구방망이로 도둑을 잡았대.
- 자기한테 이로운 쪽으로 말을 바꾸다니, 귀에 걸면 귀걸이, 코에 걸면 코걸이군.

16 금강산도 식후경

아름다운 금강산도 밥을 먹은 후에 구경해야 좋다는 말로,
아무리 재미있는 일이라도 배가 고프면 흥미가 생기지 않는다는 뜻이에요.

단어 뜻 **금강산 :** 북한에 있는 경치가 아름다운 산이에요.

바르게 따라 써 보세요.

금	강	산	도		식	후	경			
금	강	산	도		식	후	경			

아래 칸에 맞춰 써 보세요.

금강산도 식후경

이럴 때 이렇게!

- 금강산도 식후경이라고 햄버거 먼저 먹고 영화를 보자.
- 금강산도 식후경이라고 밥을 먹고 나니, 아름다운 설악산이 눈에 보이네.

17 까마귀 날자 배 떨어진다.

까마귀가 날아가자 하필 그때 배가 떨어졌어요. 아무 관계없는 일이 우연히 같은 때에 일어나 남의 의심을 받게 될 때 쓰는 말이에요.

비슷한 속담 오얏나무 아래서는 갓끈을 고쳐 매지 마라.

바르게 따라 써 보세요.

까	마	귀		날	자		배		떨	어
까	마	귀		날	자		배		떨	어
진	다	.								
진	다	.								

아래 칸에 맞춰 써 보세요.

까마귀 날자 배 떨어진다.

이럴 때 이렇게!

- 내가 엘리베이터에 타자마자 방귀 냄새가 나다니, 까마귀 날자 배 떨어진 꼴이군.
- 까마귀 날자 배 떨어진다고 떨어진 지갑을 괜히 주워서 의심을 받았어.

18 꼬리가 길면 밟힌다.

꼬리가 길면 길수록 밟히기도 쉬워요. 나쁜 일을 아무도 모르게 해도 오랫동안 계속하면 결국에는 들키고 만다는 뜻이에요.

바르게 따라 써 보세요.

꼬	리	가		길	면		밟	힌	다	.
꼬	리	가		길	면		밟	힌	다	.

아래 칸에 맞춰 써 보세요.

꼬리가 길면 밟힌다.

이럴 때 이렇게!

- 언니, 꼬리가 길면 밟힌다고 계속 학원을 빠지면 엄마가 알게 되실 거야!
- 꼬리가 길면 밟힌다고 나쁜 음식을 만들던 공장이 이번 단속에 걸렸대.

19

꿩 먹고 알 먹고

꿩을 잡았더니 배 속에 알까지 들어 있어서 꿩을 잡아 고기도 먹고 알도 먹었어요. 한 가지 일을 하다가 두 가지의 이익을 얻을 때 쓰는 말이에요.

바르게 따라 써 보세요.

꿩		먹	고		알		먹	고		
꿩		먹	고		알		먹	고		

아래 칸에 맞춰 써 보세요.

꿩 먹고 알 먹고

이럴 때 이렇게!

- 꿩 먹고 알 먹는다고 운동은 몸도 튼튼, 키도 쑥쑥 크게 해 준다.
- 그 일은 돈도 벌고 지식도 쌓이는 일이라 꿩 먹고 알 먹고지.

20 남의 떡이 커 보인다.

같은 크기의 떡인데도, 왠지 남의 떡이 커 보여요.
같은 물건이라도 남의 것이 더 많아 보이거나 좋아 보인다는 뜻이에요.

바르게 따라 써 보세요.

남	의		떡	이		커		보	인	다.
남	의		떡	이		커		보	인	다.

아래 칸에 맞춰 써 보세요.

남의 떡이 커 보인다.

이럴 때 이렇게!

- 욕심이 많아서 남의 떡이 커 보이는 거예요.
- 남의 떡이 커 보인다더니 옆자리에 있는 짜장면이 더 많아 보이는데!

21 남의 잔치에 감 놓아라 배 놓아라 한다.

남의 잔치에 가서 상에 감을 놓아라, 배를 놓아라 하듯이
남이 하는 일에 이래라저래라 참견한다는 뜻이에요.

같은 속담 사돈집 잔치에 감 놓아라 배 놓아라 한다.

바르게 따라 써 보세요.

남	의		잔	치	에		감		놓	아
남	의		잔	치	에		감		놓	아
라		배		놓	아	라		한	다	.
라		배		놓	아	라		한	다	.

아래 칸에 맞춰 써 보세요.

남의 잔치에 감 놓아라 배 놓아라 한다.

이럴 때 이렇게!

- 네가 그걸 참견하는 것은 남의 잔치에 감 놓아라 배 놓아라 하는 거야.
- 남의 잔치에 감 놓아라 배 놓아라 하듯 친구 일에 자꾸 나서지 마!

22 낫 놓고 기역 자도 모른다.

기역(ㄱ) 자를 닮은 낫을 앞에 놓고도 기역(ㄱ) 자를 모른다는 뜻으로, 무식한 사람을 말할 때 쓰는 말이에요.

단어 뜻 **낫 :** 곡식이나 풀 등을 베는 데 쓰는 농기구로 'ㄱ'자 모양이에요.

바르게 따라 써 보세요.

낫		놓	고		기	역		자	도	
낫		놓	고		기	역		자	도	
모	른	다	.							
모	른	다	.							

아래 칸에 맞춰 써 보세요.

낫 놓고 기역 자도 모른다.

이럴 때 이렇게!

- 낫 놓고 기역자도 모른다더니 어떻게 참외를 보고 멜론이라고 하니?
- 정말 낫 놓고 기역 자도 모르는 까막눈이군!

23 낮말은 새가 듣고, 밤말은 쥐가 듣는다.

낮에 하는 말은 낮 동안 활동하는 새가 듣고, 밤에 하는 말은 밤에 활동하는 쥐가 듣는다는 말이에요. 비록 아무도 없는 곳이라 해도 언제나 말조심을 해야 한다는 뜻이에요.

바르게 따라 써 보세요.

낮	말	은		새	가		듣	고	,	밤
낮	말	은		새	가		듣	고	,	밤
말	은		쥐	가		듣	는	다	.	
말	은		쥐	가		듣	는	다	.	

아래 칸에 맞춰 써 보세요.

낮말은 새가 듣고, 밤말은 쥐가 듣는다.

이럴 때 이렇게!

- 낮말은 새가 듣고, 밤말은 쥐가 듣는다고 그 얘기는 어디서도 하지 마!
- 낮말은 새가 듣고, 밤말은 쥐가 듣는다더니 우리 둘이 한 이야기를 어떻게 알았을까?

24 내 코가 석 자다.

내 코가 석 자로 길어져 정신이 없다는 말로,
내 사정이 급해서 다른 사람을 살필 여유가 없다는 것을 뜻해요.

단어 뜻 **자 :** 길이를 재는 단위로 한 자는 약 30.3cm이고, 석 자는 약 90.9cm를 말해요.

바르게 따라 써 보세요.

내		코	가		석		자	다	.	
내		코	가		석		자	다	.	

아래 칸에 맞춰 써 보세요.

내 코가 석 자다.

이럴 때 이렇게!

- 내 코가 석 자여서 빌려 줄 돈이 없어.
- 요즘 내 코가 석 자라서 네 걱정까지 해 줄 여유가 없어.

재미있는 속담 퀴즈

1 다음 속담의 빈칸에 들어갈 알맞은 말을 쓰세요.

1) 공든 □이 무너지랴.

2) 귀에 걸면 □□□, □에 걸면 코걸이

3) □□□도 구르는 재주가 있다.

4) □□ 많은 나무에 □□ 잘 날이 없다.

5) 낮말은 □가 듣고, 밤말은 □가 듣는다.

6) □□□□도 제 새끼가 제일 곱다고 한다.

7) □□ 말이 고와야 □□ 말이 곱다.

8) □ 놓고 기역 자도 모른다.

9) 까마귀 날자 □ 떨어진다.

10) 고양이한테 □□을 맡기다.

정답

1. 1) 탑 2) 귀걸이, 코 3) 굼벵이 4) 가지, 바람 5) 새, 쥐
6) 고슴도치 7) 가는, 오는 8) 낫 9) 배 10) 생선

2 아래 단어가 들어가는 속담을 3가지 이상 쓰세요.

장날 금강산 다홍치마 꼬리

고래 싸움 구슬 가랑비

3 다음 상황에 어울리는 속담을 쓰세요.

야호! 드디어 놀이동산으로 출발이다.

너 소식 못 들었어? 오늘 소풍 못 간대.

뭐야? 왜?

오늘 오후에 태풍이 시작된대.

정답

2. 가는 날이 장날이다. / 고래 싸움에 새우 등 터진다. / 가랑비에 옷 젖는 줄 모른다. / 구슬이 서 말이라도 꿰어야 보배 / 금강산도 식후경 / 같은 값이면 다홍치마 / 꼬리가 길면 밟힌다.
3. 가는 날이 장날이라더니! / 가는 날이 장날이군. 등등

25 다 된 죽에 코 빠졌다.

정성 들여 죽을 만들었는데, 코가 빠져 먹지 못하게 되었어요.
거의 다 이루어진 일을 어이없는 실수로 망쳤을 때 쓰는 말이에요.

같은 속담 다 된 죽에 코 풀기

바르게 따라 써 보세요.

다		된		죽	에		코		빠	졌
다		된		죽	에		코		빠	졌
다	.									
다	.									

아래 칸에 맞춰 써 보세요.

다 된 죽에 코 빠졌다.

이럴 때 이렇게!

- 어렵게 약속을 했는데 차가 막혀 못 갔으니 다 된 죽에 코 빠뜨린 격이지.
- 다 된 죽에 코 빠뜨린다고 마지막 면접에서 실수를 했어.

26 닭 잡아먹고 오리발 내놓기

닭을 잡아먹은 사람이 엉뚱하게 오리를 먹었다고 오리발을 내놓고 둘러대요.
옳지 못한 일을 하고 잘못을 감추기 위해 엉뚱한 속임수를 쓸 때 하는 말이에요.

비슷한 속담 눈 가리고 아웅 한다.

바르게 따라 써 보세요.

닭		잡	아	먹	고		오	리	발	
닭		잡	아	먹	고		오	리	발	
내	놓	기								
내	놓	기								

아래 칸에 맞춰 써 보세요.

닭 잡아먹고 오리발 내놓기

이럴 때 이렇게!

- 닭 잡아먹고 오리발 내민다고 어떻게 그런 거짓말을 할 수 있지?
- 분명히 네가 한 일인데 모른다니, 닭 잡아먹고 오리발 내미는 격이군.

27 닭 쫓던 개 지붕 쳐다보듯 한다.

개에게 쫓기던 닭이 지붕으로 올라가자 개는 따라 올라가지 못하고 지붕만 쳐다봐요.
애써 하던 일이 실패로 돌아가거나, 경쟁을 하던 상대방보다 뒤떨어져
어쩔 도리가 없을 때 쓰는 말이에요.

바르게 따라 써 보세요.

닭 쫓던 개 지붕 쳐
닭 쫓던 개 지붕 쳐

다보듯 한다.
다보듯 한다.

아래 칸에 맞춰 써 보세요.

닭 쫓던 개 지붕 쳐다보듯 한다.

이럴 때 이렇게!

- 벌써 개울을 건너 도망가는 도둑을 보고 닭 쫓던 개 지붕만 쳐다봤지 뭐!
- 눈앞에서 버스를 놓쳐 닭 쫓던 개 지붕 쳐다보듯 발만 동동 굴렀다.

28 도둑이 제 발 저리다.

죄를 지은 도둑은 마음이 불안하여 발이 저린 것처럼 느낀다는 말이에요.
이처럼 죄를 지은 사람이 사실이 알려질까 봐 걱정하다가
결국은 스스로 죄를 드러낸다는 뜻이에요.

바르게 따라 써 보세요.

도	둑	이		제		발		저	리	다.
도	둑	이		제		발		저	리	다.

아래 칸에 맞춰 써 보세요.

도둑이 제 발 저리다.

이럴 때 이렇게!

- 저렇게 화내는 모습을 보니 도둑이 제 발 저리는 거 아냐?
- 도둑이 제 발 저리다고 물어보지도 않았는데 창문 깨뜨린 이야기를 술술 하지 뭐야!

29 도랑 치고 가재 잡기

논에 도랑을 내는데 가재까지 잡았다는 말로,
한 가지 일을 하고 두 가지 이익을 얻는다는 뜻이에요.

단어 뜻 **도랑 :** 매우 좁고 작은 개울을 말해요.

바르게 따라 써 보세요.

도	랑		치	고		가	재		잡	기
도	랑		치	고		가	재		잡	기

아래 칸에 맞춰 써 보세요.

도랑 치고 가재 잡기

이럴 때 이렇게!

- 성적이 올라 칭찬받았는데 장학금까지 받았으니 도랑 치고 가재 잡았지.
- 쇼핑도 하고 선물도 받을 수 있으니 도랑 치고 가재 잡는 격이군.

30 도토리 키 재기

도토리는 모양이나 크기가 비슷하여 키를 재도 별 차이가 없어요. 실력이나 재능이 비슷한 사람끼리는 서로 경쟁하거나 차이를 재어 볼 필요가 없다는 뜻이에요.

바르게 따라 써 보세요.

도	토	리		키		재	기			
도	토	리		키		재	기			

아래 칸에 맞춰 써 보세요.

도토리 키 재기

이럴 때 이렇게!

- 지금은 도토리 키 재기인 것 같아. 열심히 해서 다음에 겨뤄 보자!
- 내가 볼 땐 둘이 실력이 비슷해서 도토리 키 재기야.

31 돌다리도 두들겨 보고 건너라.

튼튼한 돌다리라 해도 무너지지 않을지 두들겨 보고 건너라는 말로,
잘 아는 일도 잘못되지 않도록 신중하게 하라는 뜻이에요.

비슷한 속담 아는 길도 물어 가랬다.

바르게 따라 써 보세요.

돌	다	리	도		두	들	겨		보	고
돌	다	리	도		두	들	겨		보	고
건	너	라	.							
건	너	라	.							

아래 칸에 맞춰 써 보세요.

돌다리도 두들겨 보고 건너라.

이럴 때 이렇게!

- 돌다리도 두들겨 보고 건너라고 했어. 주변 친구들한테 좀 더 알아보도록 해.
- 실수하지 말라고 돌다리도 두들겨 보고 건너라고 한 거야.

32 될성부른 나무는 떡잎부터 알아본다.

크게 자랄 나무는 떡잎만 봐도 알 수 있다는 말로,
크게 될 사람은 어릴 때부터 남다른 점이 있다는 뜻이에요.

단어 뜻 **떡잎 :** 씨앗이 자라면서 가장 먼저 나오는 잎을 말해요.

바르게 따라 써 보세요.

될	성	부	른		나	무	는		떡	잎
될	성	부	른		나	무	는		떡	잎
부	터		알	아	본	다	.			
부	터		알	아	본	다	.			

아래 칸에 맞춰 써 보세요.

될성부른 나무는 떡잎부터 알아본다.

이럴 때 이렇게!

- 될성부른 나무는 떡잎부터 알아본다고 저 아이는 나중에 훌륭한 사람이 될 거야.
- 처음 한 건데 이 정도니 될성부른 나무 떡잎부터 알아본다고 정말 잘할 수 있을 거야.

33 등잔 밑이 어둡다.

등잔불을 켜도 등잔의 아래쪽은 어두워서 잘 보이지 않아요.
먼 곳에 있는 것보다 오히려 가까운 데 있는 것을 모른다는 뜻이에요.

단어 뜻 **등잔 :** 옛날에 기름을 담아 불을 켜는 데 쓰던 그릇이에요.

바르게 따라 써 보세요.

등	잔		밑	이		어	둡	다	.	
등	잔		밑	이		어	둡	다	.	

아래 칸에 맞춰 써 보세요.

등잔 밑이 어둡다.

이럴 때 이렇게!

- 등잔 밑이 어둡다더니, 그 경비원이 바로 도둑이었어.
- 우리 집 옆에 이렇게 좋은 놀이터가 있었어? 등잔 밑이 어둡다더니 그 말이 딱 맞네!

34 땅 짚고 헤엄치기

물속에 손을 넣어 땅을 짚고 헤엄을 치면 힘들이지 않고 쉽게 앞으로 나아가듯이 어떤 일이 매우 쉬워서 잘할 수 있다는 뜻이에요.

바르게 따라 써 보세요.

땅		짚	고		헤	엄	치	기		
땅		짚	고		헤	엄	치	기		

아래 칸에 맞춰 써 보세요.

땅 짚고 헤엄치기

이럴 때 이렇게!

- 이건 내가 제일 잘하는 일이라 땅 짚고 헤엄치기지!
- 어부들에게 고기 잡는 일은 땅 짚고 헤엄치기야.

35 마파람에 게 눈 감추듯

마파람이 불어오면 개펄의 게들이 위험을 느끼고 재빨리 눈을 감춘다고 해요.
음식을 허겁지겁 재빨리 먹어치울 때 쓰는 말이에요.

단어 뜻 **마파람 :** 뱃사람들이 쓰는 말로, 남쪽에서 불어오는 바람을 말해요.

바르게 따라 써 보세요.

마	파	람	에		게		눈		감	추
마	파	람	에		게		눈		감	추
듯										
듯										

아래 칸에 맞춰 써 보세요.

마파람에 게 눈 감추듯

이럴 때 이렇게!

- 등산을 하고 나니 배가 고파서 마파람에 게 눈 감추듯 도시락을 먹었다.
- 엄마가 만든 쿠키는 너무 맛있어서 마파람에 게 눈 감추듯 먹게 돼요.

36 먼 사촌보다 가까운 이웃이 낫다.

멀리 사는 사촌보다 가깝게 사는 이웃이 어떤 일이 생길 때 도움이 돼요.
그래서 이웃끼리도 사이좋게 지내야 하며, 정이 들면 가족보다 가까워진다는 뜻이에요.

단어 뜻 **사촌 :** 아버지의 형제와 자매의 아들이나 딸을 말해요.

바르게 따라 써 보세요.

먼		사	촌	보	다		가	까	운	
먼		사	촌	보	다		가	까	운	
이	웃	이		낫	다	.				
이	웃	이		낫	다	.				

아래 칸에 맞춰 써 보세요.

먼 사촌보다 가까운 이웃이 낫다.

이럴 때 이렇게!

- 먼 사촌보다 가까운 이웃이 낫다고 옆집 가족은 우리 집 일을 많이 도와주셔.
- 이웃집에서 텃밭에서 딴 채소를 가져다 주셨어. 먼 사촌보다 가까운 이웃이 낫다니까!

37

메뚜기도 유월이 한철이다.

메뚜기는 유월이 되면 바쁘게 활동하고, 날씨가 추워지면 점차 활동을 못 해요. 사람도 폴짝거리는 메뚜기처럼 자기 세상을 만난 것처럼 날뛰는 것을 뜻하며, 누구에게나 열심히 일할 수 있는 전성기는 매우 짧다는 뜻도 있어요.

바르게 따라 써 보세요.

메	뚜	기	도		유	월	이		한	철
메	뚜	기	도		유	월	이		한	철
이	다	.								
이	다	.								

아래 칸에 맞춰 써 보세요.

메뚜기도 유월이 한철이다.

이럴 때 이렇게!

- 메뚜기도 유월이 한철이라고 인정받을 때 열심히 일해야 해.
- 메뚜기도 유월이 한철이듯이 아무리 아름다운 해수욕장도 여름에만 사람들로 북적여.

38 모르면 약이요, 아는 게 병

모르면 차라리 마음이 편한데, 조금이라도 알게 되면
오히려 걱정거리가 되어 해롭다는 말이에요.

바르게 따라 써 보세요.

모	르	면		약	이	요	,	아	는	
모	르	면		약	이	요	,	아	는	
게		병								
게		병								

아래 칸에 맞춰 써 보세요.

모르면 약이요, 아는 게 병

이럴 때 이렇게!

- 모르면 약이요, 아는 게 병이라고 그 사실은 부모님께 말하지 않는 게 좋겠어.
- 모르면 약이요, 아는 게 병인 것처럼 아무것도 모르는 게 차라리 낫겠어.

39 목구멍이 포도청이다.

배고픔이 포도청처럼 무섭다는 말로, 먹고살기 힘들어지면 무섭고 두려운 일도 가리지 않고 한다는 뜻이에요.

단어 뜻 **포도청 :** 지금의 경찰서와 같은 곳이에요.

바르게 따라 써 보세요.

목	구	멍	이		포	도	청	이	다	.
목	구	멍	이		포	도	청	이	다	.

아래 칸에 맞춰 써 보세요.

목구멍이 포도청이다.

이럴 때 이렇게!

- 목구멍이 포도청이라고 이젠 힘든 일도 닥치는 대로 한다.
- 이른 새벽부터 일하러 나가는 걸 보니 목구멍이 포도청이란 말이 맞아.

40 목마른 사람이 우물 판다.

목이 말라 물이 급한 사람이 서둘러 우물을 파듯이
급하고 아쉬운 사람이 서둘러 일을 시작한다는 뜻이에요.

단어 뜻 **우물 :** 물을 얻기 위해서 땅을 파서 지하수를 고이게 한 곳을 말해요.

바르게 따라 써 보세요.

목	마	른		사	람	이		우	물	
목	마	른		사	람	이		우	물	
판	다	.								
판	다	.								

아래 칸에 맞춰 써 보세요.

목마른 사람이 우물 판다.

이럴 때 이렇게!

- 목마른 사람이 우물 판다고 자기가 먹고 싶으면 직접 가지고 와야지.
- 목마른 사람이 우물 판다고 했으니 배고프면 라면이라도 먹겠지 뭐!

41 못 먹는 감 찔러나 본다.

자신이 먹지 못할 감은 남도 먹지 못하게 찔러 놓는다는 뜻이에요. 이처럼 자신이 갖지 못하는 것은 남도 갖지 못하게 못쓰게 만드는 나쁜 마음씨를 두고 하는 말이에요.

바르게 따라 써 보세요.

못		먹	는		감		찔	러	나	
못		먹	는		감		찔	러	나	
본	다	.								
본	다	.								

아래 칸에 맞춰 써 보세요.

못 먹는 감 찔러나 본다.

이럴 때 이렇게!

- 못 먹는 감 찔러나 보자는 식으로 일본은 종종 독도가 일본 땅이라고 망언을 한다.
- 못 먹는 감 찔러나 본다고 못 먹겠으면 그냥 두지, 다 헤집어서 아무도 못 먹게 됐잖아.

42 무쇠도 갈면 바늘 된다.

무디고 단단한 무쇠도 잘 다듬어 갈면 바늘이 되듯이
꾸준히 노력하면 어떤 어려운 일도 이룰 수 있다는 뜻이에요.

단어 뜻 **무쇠 :** 단단한 쇠로, 솥이나 화로 등을 만들 때 쓰여요.

바르게 따라 써 보세요.

무	쇠	도		갈	면		바	늘		된
무	쇠	도		갈	면		바	늘		된
다	.									
다	.									

아래 칸에 맞춰 써 보세요.

무쇠도 갈면 바늘 된다.

이럴 때 이렇게!

- 매일 한자를 한 자씩 외웠더니 무쇠도 갈면 바늘 된다고 천자문을 다 외웠다.
- 무쇠도 갈면 바늘 된다더니 꼴등만 하던 친구가 의사가 되었어요.

43 물에 빠진 사람 건져 놓으니까 내 봇짐 내라 한다.

물에 빠진 사람을 구해 주니, 물에 떠내려간 봇짐을 내놓으라고 떼를 써요.
남에게 은혜를 입고도 고마움을 모르고 오히려 트집을 잡아 원망할 때 쓰는 말이에요.

단어 뜻 **봇짐 :** 등에 짊어지기 위해 물건을 보자기에 싸서 꾸린 짐을 말해요.

바르게 따라 써 보세요.

물	에		빠	진		사	람		건	져
물	에		빠	진		사	람		건	져
놓	으	니	까		내		봇	짐		내
놓	으	니	까		내		봇	짐		내
라		한	다	.						
라		한	다	.						

아래 칸에 맞춰 써 보세요.

물에 빠진 사람 건져 놓으니까 내 봇짐 내라 한다.

이럴 때 이렇게!

- 물에 빠진 사람 건져 놓으니까 내 봇짐 내라 한다더니, 환자를 병원에 옮겨 주니 지갑을 내놓으라고 해요.
- 강아지 다리를 치료해 줬는데, 물에 빠진 사람 건져 놓으니까 내 봇짐 내라 하듯 컹컹 짖기만 해요.

44 미운 아이 떡 하나 더 준다.

미운 아이지만 매 대신 떡을 준다는 말로,
미운 사람일수록 더 잘 대해 주어 미운 마음을 없애야 한다는 뜻이에요.

바르게 따라 써 보세요.

미운 아이 떡 하나

미운 아이 떡 하나

더 준다.

더 준다.

아래 칸에 맞춰 써 보세요.

미운 아이 떡 하나 더 준다.

이럴 때 이렇게!

- 나를 괴롭히는 동생에게 미운 아이 떡 하나 더 준다고 사탕을 주어 달랬다.
- 미운 아이 떡 하나 더 준다고 마음에 들지 않는 친구지만 생일 선물을 줬어.

45 믿는 도끼에 발등 찍힌다.

손에 익숙한 도끼에 발등을 다친다는 뜻이에요. 믿었던 사람에게 배신을 당하거나, 반드시 이뤄질 거라 믿었던 일이 어긋날 때 쓰는 말이에요.

단어 뜻 **도끼 :** 나무를 찍거나 쪼갤 때 쓰는 도구예요.

바르게 따라 써 보세요.

믿	는		도	끼	에		발	등		찍
믿	는		도	끼	에		발	등		찍
힌	다	.								
힌	다	.								

아래 칸에 맞춰 써 보세요.

믿는 도끼에 발등 찍힌다.

이럴 때 이렇게!

- 믿는 도끼에 발등 찍힌다고 가장 친한 친구인데 내 흉을 보고 다녔대.
- 믿었던 사람인데 귀한 물건을 갖고 달아났다니 믿는 도끼에 발등 찍혔어.

46 밑 빠진 독에 물 붓기

밑에 구멍이 생긴 독에 아무리 물을 부어 봐야 새어 나가 채워지지 않아요.
아무리 힘들여 일해도 보람 없이 헛수고가 되었을 때 하는 말이에요.

단어 뜻 **독 :** 간장이나 김치 등을 담가 두는 큰 항아리를 말해요.

바르게 따라 써 보세요.

밑		빠	진		독	에		물		붓
밑		빠	진		독	에		물		붓
기										
기										

아래 칸에 맞춰 써 보세요.

밑 빠진 독에 물 붓기

이럴 때 이렇게!

- 아무리 학원을 보내도 공부를 못하니, 밑 빠진 독에 물 붓기지!
- 용돈을 주면 스티커 사는 데만 쓰니 저축을 할 수가 없지. 밑 빠진 독에 물 붓기야.

재미있는 속담 퀴즈

1 다음 속담의 빈칸에 들어갈 알맞은 말을 쓰세요.

1) □ 쫓던 개 □□ 쳐다보듯 한다.

2) 도토리 □ 재기

3) 메뚜기도 □□이 한철이다.

4) 미운 아이 □ 하나 더 준다.

5) 믿는 □□에 발등 찍힌다.

6) 다 된 죽에 □ 빠졌다.

7) 될성부른 나무는 □□부터 알아본다.

8) 밑 빠진 □에 물 붓기

9) 무쇠도 갈면 □□ 된다.

10) 물에 빠진 □□ 건져 놓으니까
내 □□ 내라 한다.

정답

1. 1) 닭, 지붕 2) 키 3) 유월 4) 떡 5) 도끼
6) 코 7) 떡잎 8) 독 9) 바늘 10) 사람, 봇짐

2 아래 단어가 들어가는 속담을 3가지 이상 쓰세요.

등잔 돌다리 우물 도둑

헤엄치기 도랑 포도청

---

3 다음 상황에 어울리는 속담을 쓰세요.

너 혹시 네 책상 위에 있던 초콜릿 못 봤니?

뭐? 초콜릿? 못 봤는데!

이게 뭐야? 네 책상 밑에 껍질이 버려져 있잖아!

음, 나는 모르는 일이야. 나는 절대 아니라고!

정답

2. 등잔 밑이 어둡다. / 도랑 치고 가재 잡기 / 목구멍이 포도청이다. / 목마른 사람이 우물 판다. / 땅 짚고 헤엄치기 / 돌다리도 두들겨 보고 건너라. / 도둑이 제 발 저리다.

3. 닭 잡아먹고 오리발 내민다더니! / 닭 잡아먹고 오리발 내민다고 어떻게 모를 수 있어? 등등

47 바늘 가는 데 실 간다.

바늘은 실이 있어야 바느질을 할 수 있어요.
서로 관계가 가까운 것끼리는 항상 같이 다닌다는 뜻이에요.

바르게 따라 써 보세요.

바	늘		가	는		데		실		간
바	늘		가	는		데		실		간
다	.									
다	.									

아래 칸에 맞춰 써 보세요.

바늘 가는 데 실 간다.

이럴 때 이렇게!

- 바늘 가는 데 실 간다고 저 친구 둘은 잠시도 떨어져 있지 않아요.
- 엄마와 항상 같이 다녀서 바늘 가는 데 실 간다라는 얘기를 자주 들어요.

48 바늘 도둑이 소도둑 된다.

바늘 하나 훔치던 사람이 나중에는 소처럼 큰 것도 훔치게 돼요.
나쁜 버릇은 작은 것이라도 계속하면 큰 잘못을 저지르게 된다는 뜻이에요.

비슷한 속담 바늘 쌈지에서 도둑이 난다.

바르게 따라 써 보세요.

바	늘		도	둑	이		소	도	둑	
바	늘		도	둑	이		소	도	둑	
된	다	.								
된	다	.								

아래 칸에 맞춰 써 보세요.

바늘 도둑이 소도둑 된다.

이럴 때 이렇게!

- 바늘 도둑이 소도둑 된다고 나쁜 버릇은 빨리 고쳐야 해.
- 바늘 도둑이 소도둑 된다더니 어려서 훔치던 버릇을 못 고쳐 감옥에 갔다는군.

49 발 없는 말이 천 리 간다.

말은 발이 없어도 순식간에 천 리까지 퍼진다는 말로,
항상 말조심을 해야 한다는 뜻이에요.

단어 뜻 **리 :** 거리를 나타낼 때 쓰는 단위로, 천 리는 약 400km의 먼 거리를 뜻해요.

바르게 따라 써 보세요.

발		없	는		말	이		천		리
발		없	는		말	이		천		리
간	다	.								
간	다	.								

아래 칸에 맞춰 써 보세요.

발 없는 말이 천 리 간다.

이럴 때 이렇게!

- 발 없는 말이 천리 간다고 벌써 친구들한테 소문이 다 났어.
- 발 없는 말이 천리 간다더니 보물 상자가 어디에 있는지 순식간에 알려졌다.

50 방귀 뀐 놈이 성낸다.

방귀를 뀌고 안 뀐 척하며 오히려 다른 사람한테 화를 낸다는 뜻이에요.
자신이 잘못을 하고서 남에게 화를 내는 사람을 보고 하는 말이에요.

바르게 따라 써 보세요.

방	귀		뀐		놈	이		성	낸	다.
방	귀		뀐		놈	이		성	낸	다.

아래 칸에 맞춰 써 보세요.

방귀 뀐 놈이 성낸다.

이럴 때 이렇게!

- 방귀 뀐 놈이 성낸다고 제가 잘못하고서 왜 나에게 화를 내지?
- 친구가 늦어 버스를 놓쳤는데 방귀 뀐 놈이 성낸다고 오히려 나한테 화를 냈어.

51 배보다 배꼽이 더 크다.

배보다 더 큰 배꼽은 없지요. 당연히 작아야 할 것이 크고,
적어야 할 것이 많을 때 쓰는 말이에요.

바르게 따라 써 보세요.

배	보	다		배	꼽	이		더		크
배	보	다		배	꼽	이		더		크
다	.									
다	.									

아래 칸에 맞춰 써 보세요.

배보다 배꼽이 더 크다.

이럴 때 이렇게!

- 선물은 2,000원인데, 포장비가 3,000원이야? 배보다 배꼽이 더 크군.
- 우유 배달시키면 자전거가 공짜래. 배보다 배꼽이 더 큰 거 아냐?

52 백지장도 맞들면 낫다.

가벼운 종이라도 양쪽에서 함께 들면 더 가벼워진다는 뜻으로,
쉬운 일도 혼자 하는 것보다 함께 하면 더 쉽게 할 수 있다는 말이에요.

단어 뜻 **백지장 :** 하얀 종이 한 장을 말해요.

바르게 따라 써 보세요.

백	지	장	도		맞	들	면		낫	다.
백	지	장	도		맞	들	면		낫	다.

아래 칸에 맞춰 써 보세요.

백지장도 맞들면 낫다.

이럴 때 이렇게!

- 혼자서 1시간 동안 할 일을 셋이 20분 만에 했으니 백지장도 맞들면 낫다고 하는 거야.
- 엄마, 시장바구니 같이 들어요. 백지장도 맞들면 낫다고 하잖아요!

53 번갯불에 콩 볶아 먹겠다.

금방 번쩍였다가 사라지는 번갯불에 콩을 볶아 먹기는 어려워요.
그만큼 성격이 급해서 무엇이든 당장 처리하려는 것을 두고 하는 말이에요.

단어 뜻 **번갯불 :** 번개가 칠 때 번쩍이는 빛을 말해요.

바르게 따라 써 보세요.

번 갯 불 에 　 콩 　 볶 아 　 먹
번 갯 불 에 　 콩 　 볶 아 　 먹

겠 다 .
겠 다 .

아래 칸에 맞춰 써 보세요.

번갯불에 콩 볶아 먹겠다.

이럴 때 이렇게!

- 번갯불에 콩 볶아 먹듯 벌써 다 한 거야?
- 번갯불에 콩 볶아 먹듯 하면 실수할 수 있으니 천천히 하는 게 좋겠어.

54 벼 이삭은 익을수록 고개를 숙인다.

벼 이삭은 처음에는 꼿꼿하게 서 있다가 익을수록 고개를 숙여요.
훌륭한 사람일수록 잘난 체하지 않고 겸손하다는 뜻이에요.

바르게 따라 써 보세요.

벼		이	삭	은		익	을	수	록	
벼		이	삭	은		익	을	수	록	
고	개	를		숙	인	다	.			
고	개	를		숙	인	다	.			

아래 칸에 맞춰 써 보세요.

벼 이삭은 익을수록 고개를 숙인다.

이럴 때 이렇게!

- 벼 이삭은 익을수록 고개를 숙인다고 그 친구는 태권도를 잘해도 으스대지 않아.
- 겸손한 대통령을 보니 벼 이삭은 익을수록 고개를 숙인다는 말이 생각나는군.

55 병 주고 약 준다.

병이 나게 하고서 약을 주어 치료해 주는 척한다는 뜻으로,
어떤 일을 방해하고 나서 도와주려 할 때 쓰는 말이에요.

바르게 따라 써 보세요.

병		주	고		약		준	다	.	
병		주	고		약		준	다	.	

아래 칸에 맞춰 써 보세요.

병 주고 약 준다.

이럴 때 이렇게!

- 이제 와서 잘못했다고 하면 다야? 병 주고 약 주는 거야?
- 병 주고 약 주는 격으로 선생님께 고자질하고 나서 나에게 미안하다고 한다.

56 보고 못 먹는 것은 그림의 떡

먹음직스럽게 떡을 그려 놓은 그림이 있지만, 실제 먹을 수는 없어요.
이처럼 아무리 갖고 싶어도 가질 수 없을 때 쓰는 말이에요.

바르게 따라 써 보세요.

보	고		못		먹	는		것	은	
보	고		못		먹	는		것	은	
그	림	의		떡						
그	림	의		떡						

아래 칸에 맞춰 써 보세요.

보고 못 먹는 것은 그림의 떡

이럴 때 이렇게!

- 저 장난감 갖고 싶은데 돈이 없어. 그림의 떡이야.
- 운동화를 선물 받았는데 너무 작아서 신을 수가 없어. 아! 그림의 떡이로군.

57 보기 좋은 떡이 먹기도 좋다.

맛있어 보이는 떡이 실제 맛도 좋다는 말로,
겉모양도 잘 꾸며야 한다는 뜻이에요.

바르게 따라 써 보세요.

보	기		좋	은		떡	이		먹	기
보	기		좋	은		떡	이		먹	기
도		좋	다	.						
도		좋	다	.						

아래 칸에 맞춰 써 보세요.

보기 좋은 떡이 먹기도 좋다.

이럴 때 이렇게!

- 보기 좋은 떡이 먹기도 좋다고 이왕이면 깨끗한 음식점을 찾게 돼.
- 보기 좋은 떡이 먹기도 좋은 것처럼 물건을 예쁘게 진열해 놓아야 잘 팔린다.

58 불난 집에 부채질한다.

불이 난 집에 부채질하여 바람을 일으키면 더 잘 타겠지요.
어려움에 처해 있는 사람을 더 어렵게 하고,
화가 나 있는 사람은 화를 더 돋운다는 뜻이에요.

바르게 따라 써 보세요.

불	난		집	에		부	채	질	한	다.
불	난		집	에		부	채	질	한	다.

아래 칸에 맞춰 써 보세요.

불난 집에 부채질한다.

이럴 때 이렇게!

- 지갑을 잃어버려 속상한데 불난 집에 부채질하듯 친구가 빌려 준 돈을 갚으래.
- 동생이 엄마한테 혼나고 있는데 숙제도 안했다고 일러서 불난 집에 부채질했어.

59 사공이 많으면 배가 산으로 간다.

노를 젓는 사람이 각자 방향으로 배를 이끌면 자칫 배가 산으로 갈 수 있어요.
이처럼 자기주장만 내세우는 사람이 많으면 일을 이루기 어렵다는 뜻이에요.

단어 뜻 **사공 :** 배에서 노를 젓거나 배에서 일하는 사람을 말해요.

바르게 따라 써 보세요.

사 공 이 많 으 면 배 가

사 공 이 많 으 면 배 가

산 으 로 간 다 .

산 으 로 간 다 .

아래 칸에 맞춰 써 보세요.

사공이 많으면 배가 산으로 간다.

이럴 때 이렇게!

- 사공이 많으면 배가 산으로 간다고 저 팀은 단합이 안 돼서 꼴등을 할 거야.
- 사공이 많으면 배가 산으로 간다고 했으니 대장을 뽑아서 계획을 세우는 게 좋겠어!

60 서당 개 삼 년에 풍월을 읊는다.

서당에 사는 개도 삼 년 동안 글 읽는 소리를 들으면 그 소리를 따라 한다는 뜻으로, 아는 게 없는 사람이라도 오랫동안 보고 들으면 그 일을 할 줄 알게 된다는 말이에요.

단어 뜻 **풍월 :** 우연히 들어서 알게 된 짧은 지식을 말해요.

바르게 따라 써 보세요.

서	당		개		삼		년	에		풍
서	당		개		삼		년	에		풍
월	을		읊	는	다	.				
월	을		읊	는	다	.				

아래 칸에 맞춰 써 보세요.

서당 개 삼 년에 풍월을 읊는다.

이럴 때 이렇게!

· 서당 개 삼 년에 풍월을 읊는다고 경기를 많이 보러 다녔더니 축구를 곧잘 하더라고!

· 서당 개 삼 년에 풍월을 읊는다더니 엄마 어깨너머로 배운 음식 솜씨가 좋아.

61 세 살 버릇이 여든까지 간다.

세 살 때 가진 버릇은 여든 살이 되어서도 고쳐지지 않는다는 뜻이에요.
따라서 어릴 때부터 나쁜 버릇이 생기지 않도록 조심하라는 말이에요.

바르게 따라 써 보세요.

세 살 버릇이 여든까지 간다.

세 살 버릇이 여든까지 간다.

아래 칸에 맞춰 써 보세요.

세 살 버릇이 여든까지 간다.

이럴 때 이렇게!

- 아직도 지각하는 걸 보니 세 살 버릇 여든까지 간다는 말이 맞아.
- 세 살 버릇 여든까지 간다고 나쁜 자세는 어릴 때부터 바로 잡아야 해.

62 소 잃고 외양간 고친다.

소를 잃어버리고 나서 외양간을 고쳐 봐야 소용없어요.
미리 해야 할 중요한 일을 소홀히 하다 잘못되었을 때 쓰는 말이에요.

단어 뜻 **외양간 :** 말이나 소를 기르는 곳이에요.

바르게 따라 써 보세요.

소 잃고 외양간 고친

소 잃고 외양간 고친

다.

다.

아래 칸에 맞춰 써 보세요.

소 잃고 외양간 고친다.

이럴 때 이렇게!

- 비가 와서 이미 옷이 홀딱 젖었는데 우산을 사다니 소 잃고 외양간 고치는 격이야.
- 소 잃고 외양간 고치듯 큰 병에 걸린 후부터 열심히 운동을 했어.

63 쇠귀에 경 읽기

소의 귀에 경전을 읽어 줘도 알아듣지 못하지요.
아무리 알려 주어도 이해하지 못하고 알아듣지 못할 때 쓰는 말이에요.

단어 뜻 **경 :** 경전을 뜻하며, 옛 가르침이 담긴 책이에요.

바르게 따라 써 보세요.

쇠	귀	에		경		읽	기			
쇠	귀	에		경		읽	기			

아래 칸에 맞춰 써 보세요.

쇠귀에 경 읽기

이럴 때 이렇게!

- 만드는 순서를 몇 번 알려 줘도 아직도 모르니 쇠귀에 경 읽기야.
- 학교 갔다 오면 손부터 씻으라고 해도 항상 듣는 둥 마는 둥이니 쇠귀에 경 읽기구나.

64

수박 겉 핥기

맛있는 수박을 먹겠다는 것이 딱딱한 겉만 핥고 있다면 수박의 맛을 알 수 없어요. 이처럼 속 내용은 모르고 일을 건성으로 한다는 뜻이에요.

바르게 따라 써 보세요.

수	박		겉		핥	기				
수	박		겉		핥	기				

아래 칸에 맞춰 써 보세요.

수박 겉 핥기

이럴 때 이렇게!

- 수박 겉 핥기 식으로 하다간 처음부터 다시 해야 할 거야.
- 지도를 수박 겉 핥기 식으로 보면 그곳을 찾지 못해.

재미있는 속담 퀴즈

1 다음 속담의 빈칸에 들어갈 알맞은 말을 쓰세요.

1) □□이 많으면 배가 □으로 간다.

2) 보기 좋은 □이 먹기도 좋다.

3) 쇠귀에 □ 읽기

4) 벼 이삭은 익을수록 □□를 숙인다.

5) □ 없는 □이 천 리 간다.

6) 병 주고 □ 준다.

7) 불난 집에 □□□한다.

8) □□ 가는 데 실 간다.

9) 세 살 버릇이 □□까지 간다.

10) □□□도 맞들면 낫다.

정답

1. 1) 사공, 산 2) 떡 3) 경 4) 고개 5) 발, 말
6) 약 7) 부채질 8) 바늘 9) 여든 10) 백지장

② 아래 단어가 들어가는 속담을 3가지 이상 쓰세요.

소도둑 / 외양간 / 번갯불 / 수박 / 방귀 / 떡 / 풍월

---

③ 다음 상황에 어울리는 속담을 쓰세요.

어휴, 일주일 치 용돈을 다 써 버렸으니 어쩌지?

벌써? 용돈을 어디에 썼는데?

영화를 보러 갔는데, 영화보다 간식을 사는 데 돈을 더 많이 써 버렸어.

정답

2. 바늘 도둑이 소도둑 된다. / 수박 겉 핥기 / 소 잃고 외양간 고친다. / 서당 개 삼 년에 풍월을 읊는다. / 번갯불에 콩 볶아 먹겠다. / 방귀 뀐 놈이 성낸다. / 보고 못 먹는 것은 그림의 떡 / 보기 좋은 떡이 먹기도 좋다.
3. 배보다 배꼽이 더 컸구나. / 배보다 배꼽이 더 큰 격이네. 등등

65 아니 땐 굴뚝에 연기 날까.

아궁이에 불을 땠기 때문에 굴뚝에서 연기가 난다는 말로,
무슨 일이든 이유가 있다는 뜻이에요.

비슷한 속담 아니 때린 장구 북소리 날까.

바르게 따라 써 보세요.

아	니		땐		굴	뚝	에		연	기 ∨
아	니		땐		굴	뚝	에		연	기
날	까	.								
날	까	.								

아래 칸에 맞춰 써 보세요.

아니 땐 굴뚝에 연기 날까.

이럴 때 이렇게!

- 둘이 좋아한다고 소문이 자자한데 아니 땐 굴뚝에 연기 나겠어?
- 어디서 들었는지 아니 땐 굴뚝에 연기 날 리 없다며 나에게 빨리 말하라고 화를 냈어.

66 얌전한 고양이가 부뚜막에 먼저 올라간다.

항상 얌전하던 고양이가 부뚜막에 제일 먼저 올라간다는 말로,
겉으로는 아무것도 못할 것처럼 보이는 사람이 자기 이익을 챙길 때 쓰는 말이에요.

단어 뜻 **부뚜막 :** 옛날 부엌에서 솥을 걸기 위해 평평하게 만든 곳을 말해요.

바르게 따라 써 보세요.

얌	전	한		고	양	이	가		부	뚜
얌	전	한		고	양	이	가		부	뚜
막	에		먼	저		올	라	간	다	.
막	에		먼	저		올	라	간	다	.

아래 칸에 맞춰 써 보세요.

얌전한 고양이가 부뚜막에 먼저 올라간다.

이럴 때 이렇게!

- 얌전한 고양이가 부뚜막에 먼저 올라간다더니 얌전하던 친구가 장기 자랑에서 1등 했어.
- 게임에 관심 없다더니 얌전한 고양이가 부뚜막에 먼저 올라간다고 먼저 게임기를 샀어.

67 어물전 망신은 꼴뚜기가 시킨다.

꼴뚜기는 생선 중에서도 크기가 작아서 먹을 게 별로 없고 모습이 볼품없어 나온 말이에요. 어리석은 한 사람이 주변 사람들에게도 피해를 끼친다는 뜻이에요.

단어 뜻 **어물전 :** 시장에서 생선을 파는 가게예요.

바르게 따라 써 보세요.

어	물	전		망	신	은		꼴	뚜	기
어	물	전		망	신	은		꼴	뚜	기
가		시	킨	다	.					
가		시	킨	다	.					

아래 칸에 맞춰 써 보세요.

어물전 망신은 꼴뚜기가 시킨다.

이럴 때 이렇게!

- 어물전 망신은 꼴뚜기가 시킨다고 우리 반 개구쟁이들이 미술관에서 떠들어서 창피했어.
- 네가 나갔다가 일을 망치면 어물전 망신은 꼴뚜기가 시킨다고 욕을 먹을 거야.

68 언 발에 오줌 누기

언 발에 오줌을 누면 처음에는 따뜻하지만, 나중에는 그 오줌까지 꽁꽁 얼게 돼요.
이처럼 갑자기 터진 일을 간단한 방법으로 피하려고 한 것이
오히려 더 나쁘게 되었을 때 쓰는 말이에요.

바르게 따라 써 보세요.

언		발	에		오	줌		누	기	
언		발	에		오	줌		누	기	

아래 칸에 맞춰 써 보세요.

언 발에 오줌 누기

이럴 때 이렇게!

- 급하다고 친구 숙제를 그대로 베끼면 어떡해? 언 발에 오줌 누기로군.
- 모기를 없앤다고 나무를 베다니, 언 발에 오줌 누기야!

69 엎드려 절 받기

상대방은 절을 할 마음이 없는데 자기가 시켜서 절을 받는다는 말로,
억지로 요구해서 대접을 받는다는 뜻이에요.

바르게 따라 써 보세요.

엎	드	려		절		받	기			
엎	드	려		절		받	기			

아래 칸에 맞춰 써 보세요.

엎드려 절 받기

이럴 때 이렇게!

· 엎드려 절 받는다고 내 생일을 모르던 친구들에게 생일을 알려 선물을 많이 받았다.

· 과자를 먹고 있는 친구에게 친한 척해서 엎드려 절 받기 식으로 나눠 먹었어.

70 열 번 찍어 안 넘어가는 나무 없다.

아무리 튼튼한 나무라 해도 여러 번 찍으면 쓰러진다는 말로,
어려운 일도 포기하지 않고 꾸준히 노력하면 이룰 수 있다는 뜻이에요.

바르게 따라 써 보세요.

열		번		찍	어		안		넘	어
열		번		찍	어		안		넘	어
가	는		나	무		없	다	.		
가	는		나	무		없	다	.		

아래 칸에 맞춰 써 보세요.

열 번 찍어 안 넘어가는 나무 없다.

이럴 때 이렇게!

- 열 번 찍어 안 넘어가는 나무 없다고 열심히 하면 시험에 통과할 수 있어!
- 여덟 번 만에 자격증을 땄으니 열 번 찍어 안 넘어가는 나무 없는 격이군.

71 열 손가락 깨물어 안 아픈 손가락 없다.

열 개의 손가락을 하나하나 깨물면 안 아픈 손가락이 없듯이
자식은 모두 다 귀하고 소중하다는 뜻이에요.

바르게 따라 써 보세요.

열		손	가	락		깨	물	어		안
열		손	가	락		깨	물	어		안
아	픈		손	가	락		없	다	.	
아	픈		손	가	락		없	다	.	

아래 칸에 맞춰 써 보세요.

열 손가락 깨물어 안 아픈 손가락 없다.

이럴 때 이렇게!

- 열 손가락 깨물어 안 아픈 손가락 없듯이 부모님은 우리 모두를 사랑하신다.
- 열 손가락 깨물어 안 아픈 손가락 없다는데 설마 너한테만 그렇게 하셨겠어?

72 오르지 못할 나무는 쳐다보지도 마라.

너무 높아서 도저히 올라가지 못할 나무는 쳐다보며 욕심을 내지 말라는 말이에요.
자신의 능력과 형편에 맞지 않은 일은 처음부터 시작도 하지 말라는 뜻이에요.

바르게 따라 써 보세요.

오	르	지		못	할		나	무	는	
오	르	지		못	할		나	무	는	
쳐	다	보	지	도		마	라	.		
쳐	다	보	지	도		마	라	.		

아래 칸에 맞춰 써 보세요.

오르지 못할 나무는 쳐다보지도 마라.

이럴 때 이렇게!

- 오르지 못할 나무는 쳐다보지도 말랬다고 우리 형편에 해외여행은 사치야.
- 항상 오르지 못할 나무만 쳐다보니 그렇게 힘들지.

73 우물 안 개구리

우물 안에 있는 개구리는 우물 안이 세상의 전부라고 생각해요.
보고 들은 경험이 적어서 세상 형편을 잘 모르는 사람에게 쓰는 말이에요.

비슷한 속담 장님 코끼리 만지는 격이다.

바르게 따라 써 보세요.

우	물		안		개	구	리			
우	물		안		개	구	리			

아래 칸에 맞춰 써 보세요.

우물 안 개구리

이럴 때 이렇게!

- 우물 안 개구리처럼 자기 생각만 고집하지 말고 여러 사람 의견을 들어봐야 해.
- 책을 많이 읽어야 우물 안 개구리가 되지 않아.

74 우물을 파도 한 우물을 파라.

우물을 조금 파다가 물이 나오지 않는다고 이곳저곳 다시 파면 결국 물을 얻을 수 없어요. 무슨 일이든 금방 포기하지 말고 한 가지 일을 계속하면 성공할 수 있다는 뜻이에요.

바르게 따라 써 보세요.

우	물	을		파	도		한		우	물
우	물	을		파	도		한		우	물
을		파	라	.						
을		파	라	.						

아래 칸에 맞춰 써 보세요.

우물을 파도 한 우물을 파라.

이럴 때 이렇게!

- 우물을 파도 한 우물을 파야지 이것저것 하며 싫증만 내면 아무것도 잘할 수 없어.
- 전문가가 되려면 우물을 파도 한 우물을 파야 최고가 될 수 있어.

75 원수는 외나무다리에서 만난다.

폭이 좁은 외나무다리에서 싫어하는 사람을 만났다는 말로,
피할 곳이 없는 데서 꺼리고 싫어하는 사람을 만나게 되어 곤란한 경우를 말해요.

단어 뜻 **외나무다리 :** 한 개의 통나무로 놓은 다리를 말해요.

바르게 따라 써 보세요.

원	수	는		외	나	무	다	리	에	서 ∨
원	수	는		외	나	무	다	리	에	서
만	난	다	.							
만	난	다	.							

아래 칸에 맞춰 써 보세요.

원수는 외나무다리에서 만난다.

이럴 때 이렇게!

- 원수는 외나무다리에서 만난다고 그 사람을 해외에서 만날 줄 누가 알았겠어.
- 원수는 외나무다리에서 만난다더니 아까 우리를 혼냈던 그분이 담임 선생님이래.

76 원숭이도 나무에서 떨어진다.

나무를 잘 타는 원숭이도 나무에서 떨어질 때가 있듯이
아무리 익숙하고 잘하는 사람도 때로는 실수를 할 때가 있다는 뜻이에요.

바르게 따라 써 보세요.

원	숭	이	도		나	무	에	서		떨
원	숭	이	도		나	무	에	서		떨
어	진	다	.							
어	진	다	.							

아래 칸에 맞춰 써 보세요.

원숭이도 나무에서 떨어진다.

이럴 때 이렇게!

- 원숭이도 나무에서 떨어질 때가 있는 법이야. 한 번 실수했다고 너무 속상해하지 마.
- 자동차 레이서가 교통사고를 냈다니 원숭이도 나무에서 떨어질 때가 있군.

77 윗물이 맑아야 아랫물이 맑다.

물은 위에서 아래로 흐르기 때문에 위쪽 물이 흐리면 아래쪽 물도 흐려지기 마련이에요. 사람도 윗사람이 잘하면 아랫사람도 따라서 잘하게 된다는 뜻이에요.

바르게 따라 써 보세요.

윗	물	이		맑	아	야		아	랫	물
윗	물	이		맑	아	야		아	랫	물
이		맑	다	.						
이		맑	다	.						

아래 칸에 맞춰 써 보세요.

윗물이 맑아야 아랫물이 맑다.

이럴 때 이렇게!

- 윗물이 맑아야 아랫물이 맑다고 우리가 잘해야 후배들도 본받아 잘하지!
- 윗물이 맑아야 아랫물이 맑은 법이에요. 부모님이 아이들 앞에서 모범을 보여야 해요.

78 자다가 봉창 두드린다.

자다가 누군가 창문을 두드리면 깜짝 놀라겠지요?
이처럼 엉뚱하고 갑작스러운 말이나 행동을 할 때 쓰는 말이에요.

단어 뜻 **봉창 :** 방 안에 빛이 들어오도록 창틀 없이 낸 작은 창이에요.

바르게 따라 써 보세요.

자	다	가		봉	창		두	드	린	다.
자	다	가		봉	창		두	드	린	다.

아래 칸에 맞춰 써 보세요.

자다가 봉창 두드린다.

이럴 때 이렇게!

- 뜬금없이 그 얘기를 해? 자다가 봉창 두드릴래?
- 자다가 봉창 두드린다더니 여긴 중국 음식점인데 왜 비빔밥을 시켜?

79 자라 보고 놀란 가슴 솥뚜껑 보고도 놀란다.

자라를 보고 놀란 사람이 자라와 생김새가 비슷한 솥뚜껑만 봐도 놀란다는 말이에요.
어떤 일에 한 번 놀라면 그와 비슷한 것만 봐도 놀란다는 뜻이에요.

단어 뜻 **자라 :** 등이 둥글고 단단한 껍질로 덮여 있어서 솥뚜껑과 닮았어요.

바르게 따라 써 보세요.

자	라		보	고		놀	란		가	슴 ∨
자	라		보	고		놀	란		가	슴
솥	뚜	껑		보	고	도		놀	란	다.
솥	뚜	껑		보	고	도		놀	란	다.

아래 칸에 맞춰 써 보세요.

자라 보고 놀란 가슴 솥뚜껑 보고도 놀란다.

이럴 때 이렇게!

- 자라 보고 놀란 가슴 솥뚜껑 보고도 놀란다고 벌에게 쏘인 적이 있어서 윙윙 소리만 들려도 무서워!
- 자라 보고 놀란 가슴 솥뚜껑 보고도 놀란다더니 거미와 비슷한 것만 봐도 놀라게 돼.

80 작은 고추가 더 맵다.

작은 고추가 큰 고추보다 맵다는 말로,
몸집이 작은 사람이 큰 사람보다 더 야무지고 실력 있다는 뜻이에요.

바르게 따라 써 보세요.

작	은		고	추	가		더		맵	다.
작	은		고	추	가		더		맵	다.

아래 칸에 맞춰 써 보세요.

작은 고추가 더 맵다.

이럴 때 이렇게!

- 작은 고추가 더 맵다고 우리 반에서 가장 키 작은 친구가 달리기에서 1등을 했어.
- 작은 고추가 더 맵다는 말도 모르니? 그 친구한테 함부로 덤비지 마.

81 재주는 곰이 부리고, 돈은 주인이 받는다.

서커스에 가 보면 재주넘기는 곰이 하는데 돈은 주인이 받아요. 이처럼 일한 사람은 따로 있고, 일에 대한 대가는 다른 사람이 챙긴다는 뜻이에요.

바르게 따라 써 보세요.

재	주	는		곰	이		부	리	고	,
재	주	는		곰	이		부	리	고	,
돈	은		주	인	이		받	는	다	.
돈	은		주	인	이		받	는	다	.

아래 칸에 맞춰 써 보세요.

재주는 곰이 부리고, 돈은 주인이 받는다.

이럴 때 이렇게!

- 재주는 곰이 부리고, 돈은 주인이 받는다더니 일은 내가 다 했는데 친구가 칭찬을 받았어.
- 내 숙제를 베낀 친구가 상을 받다니, 재주는 곰이 부리고, 돈은 주인이 받은 격이 됐어.

82 쥐구멍에도 볕 들 날 있다.

어둡고 작은 쥐구멍에도 햇빛이 비치는 날이 있다는 말로,
지금은 고생스러워도 언젠가는 좋은 날이 찾아온다는 뜻이에요.

비슷한 속담 음지가 양지 되고, 양지가 음지 된다.

바르게 따라 써 보세요.

쥐 구 멍 에 도 볕 들 날 ∨

쥐 구 멍 에 도 볕 들 날

있 다 .

있 다 .

아래 칸에 맞춰 써 보세요.

쥐구멍에도 볕 들 날 있다.

이럴 때 이렇게!

- 그렇게 가난했던 집이 해외여행을 간다니 쥐구멍에도 볕 들 날 있군.
- 쥐구멍에도 볕 들 날 있다고 만년 후보였던 선수가 대회에서 우승을 했어.

83 지렁이도 밟으면 꿈틀한다.

작은 지렁이도 밟으면 꿈틀하듯이 힘없고 순한 사람도
너무 함부로 대하면 화를 낸다는 뜻이에요.

같은 속담 굼벵이도 밟으면 꿈틀한다.

바르게 따라 써 보세요.

지	렁	이	도		밟	으	면		꿈	틀
지	렁	이	도		밟	으	면		꿈	틀
한	다	.								
한	다	.								

아래 칸에 맞춰 써 보세요.

지렁이도 밟으면 꿈틀한다.

이럴 때 이렇게!

- 지렁이도 밟으면 꿈틀한다고 강아지를 너무 괴롭히니까 으르렁대지.
- 지렁이도 밟으면 꿈틀하는 법이야. 착하다고 친구를 함부로 대하면 안 돼!

84 짚신도 제짝이 있다.

볏짚으로 만든 보잘것없는 짚신도 왼쪽과 오른쪽 두 짝이에요.
사람도 누구에게나 짝이 있다는 뜻이에요.

같은 속담 헌 고리도 짝이 있다.

바르게 따라 써 보세요.

짚	신	도		제	짝	이		있	다	.
짚	신	도		제	짝	이		있	다	.

아래 칸에 맞춰 써 보세요.

짚신도 제짝이 있다.

이럴 때 이렇게!

- 짚신도 제짝이 있다는데 내 짝도 어딘가에 있겠지.
- 짚신도 제짝이 있듯이 젓가락도 제짝이 있어.

재미있는 속담 퀴즈

1 다음 속담의 빈칸에 들어갈 알맞은 말을 쓰세요.

1) □□□도 나무에서 떨어진다.

2) 작은 □□가 더 맵다.

3) 열 번 찍어 안 넘어가는 □□ 없다.

4) □□이 맑아야 □□□이 맑다.

5) 아니 땐 □□에 연기 날까.

6) 언 발에 □□ 누기

7) 자다가 □□ 두드린다.

8) □□도 제짝이 있다.

9) 원수는 □□□□□에서 만난다.

10) 얌전한 고양이가 □□□에 먼저 올라간다.

정답

1. 1) 원숭이 2) 고추 3) 나무 4) 윗물, 아랫물 5) 굴뚝
6) 오줌 7) 봉창 8) 짚신 9) 외나무다리 10) 부뚜막

2 아래 단어가 들어가는 속담을 3가지 이상 쓰세요.

꼴뚜기 손가락 곰 솥뚜껑

쥐구멍 우물 지렁이

---

3 다음 상황에 어울리는 속담을 쓰세요.

너 이번에 우리 반에서 누가 1등 했는지 아니?

아니, 잘 모르겠는걸?

바로 나야. 세상에서 가장 똑똑한 나!

반에서 1등을 했다고 세상에서 가장 똑똑하다니,

정답

2. 어물전 망신은 꼴뚜기가 시킨다. / 쥐구멍에도 볕 들 날 있다. / 열 손가락 깨물어 안 아픈 손가락이 없다. / 자라 보고 놀란 가슴 솥뚜껑 보고 놀란다. / 재주는 곰이 넘고, 돈은 주인이 받는다. / 지렁이도 밟으면 꿈틀한다. / 우물을 파도 한 우물을 파라. / 우물 안 개구리
3. 우물 안 개구리야. / 우물 안 개구리가 따로 없군. 등등

85 찬물도 위아래가 있다.

찬물을 마실 때에도 윗사람이 마신 후에 아랫사람이 마셔야 한다는 말로,
모든 일에는 순서가 있으니 그 차례를 따라야 한다는 뜻이에요.

바르게 따라 써 보세요.

찬	물	도		위	아	래	가		있	다.
찬	물	도		위	아	래	가		있	다.

아래 칸에 맞춰 써 보세요.

찬물도 위아래가 있다.

이럴 때 이렇게!

- 찬물도 위아래가 있는데 부모님이 먼저 드신 다음에 먹어야 해.
- 찬물도 위아래가 있다는데 언니가 바닥에서 자고 동생이 침대를 차지했네.

86 참새가 방앗간을 그저 지나랴.

참새는 쌀알이 떨어져 있는 방앗간을 좋아해요.
사람도 누구나 좋아하는 곳이 있어서 그곳을 그냥 지나치지 못할 때,
욕심 많은 사람이 이익을 볼 기회를 그냥 지나치지 못할 때 쓰는 말이에요.

바르게 따라 써 보세요.

참새가 방앗간을 그저 ∨

참새가 방앗간을 그저

지나랴.

지나랴.

아래 칸에 맞춰 써 보세요.

참새가 방앗간을 그저 지나랴.

이럴 때 이렇게!

- 참새가 방앗간을 그냥 지나가는 거 봤어? 분명히 PC방에 들렀을 거야.
- 참새가 방앗간을 그냥 못 지나가듯 분식집에 친구들이 가득했다.

87 천 리 길도 한 걸음부터

먼 길을 가는 것도 한 걸음 걷는 것부터 시작하듯이
어떤 일이든 시작이 중요하다는 뜻이에요.

비슷한 속담 시작이 반이다.

바르게 따라 써 보세요.

천		리		길	도		한		걸	음
천		리		길	도		한		걸	음
부	터									
부	터									

아래 칸에 맞춰 써 보세요.

천 리 길도 한 걸음부터

이럴 때 이렇게!

- 천 리 길도 한 걸음부터라고 계획을 잘 세워서 기초부터 차근차근 공부해야 해.
- 천 리 길도 한 걸음부터라는 말도 있잖아. 한 걸음씩 걷다 보면 정상에 오를 수 있어.

88 콩 심은 데 콩 나고, 팥 심은 데 팥 난다.

밭에 콩을 심으면 콩이 자라고, 팥을 심으면 팥이 자라는 건 당연한 일이에요.
이렇듯 모든 일은 원인과 그에 맞는 결과가 있다는 뜻이에요.

비슷한 속담 오이 덩굴에 오이 열리고, 가지 나무에 가지 열린다.

바르게 따라 써 보세요.

콩 심은 데 콩 나고,

콩 심은 데 콩 나고,

팥 심은 데 팥 난다.

팥 심은 데 팥 난다.

아래 칸에 맞춰 써 보세요.

콩 심은 데 콩 나고, 팥 심은 데 팥 난다.

이럴 때 이렇게!

- 콩 심은 데 콩 나고, 팥 심은 데 팥 난다더니 아빠를 닮아 노래를 잘하는구나.
- 콩 심은 데 콩 나고, 팥 심은 데 팥 난다고 공부를 안 했으니 시험을 못 봤지.

89 콩으로 메주를 쑨다 하여도 곧이듣지 않는다.

콩으로 메주는 쑤는 것은 당연한 일인데도 믿지 않는다는 말로,
당연한 사실을 말해도 믿음이 가지 않는다는 뜻이에요.

단어 뜻 **메주 :** 콩을 삶아 찧어서 네모나게 만들어 말린 것으로, 간장이나 고추장을 만드는 재료예요.

바르게 따라 써 보세요.

콩 으 로 메 주 를 쑨 다
콩 으 로 메 주 를 쑨 다
하 여 도 곧 이 듣 지 않 는
하 여 도 곧 이 듣 지 않 는
다 .
다 .

아래 칸에 맞춰 써 보세요.

콩으로 메주를 쑨다 하여도 곧이듣지 않는다.

이럴 때 이렇게!

- 거짓말을 하다 보면 네 말은 콩으로 메주를 쑨다 해도 안 믿게 돼.
- 그 아이 말이라면 콩으로 메주를 쑨다 해도 믿어지지 않아.

90 토끼 둘을 잡으려다가 하나도 못 잡는다.

토끼 한 마리를 잡았는데 이미 잡은 토끼를 내려놓고 더 살찐 토끼를 쫓다가 결국 둘 다 놓쳤어요. 욕심을 부려 한 번에 여러 가지 일을 하려고 하면 하나도 제대로 이루지 못한다는 뜻이에요.

바르게 따라 써 보세요.

토끼 둘을 잡으려다가 ∨

토끼 둘을 잡으려다가

하나도 못 잡는다.

하나도 못 잡는다.

아래 칸에 맞춰 써 보세요.

토끼 둘을 잡으려다가 하나도 못 잡는다.

이럴 때 이렇게!

- 공부하면서 텔레비전 보는 건 토끼 둘을 잡으려다가 하나도 못 잡는 격이야.
- 토끼 둘을 잡으려다가 하나도 못 잡을 수 있으니 한 가지씩 차근차근 해 나가야 해.

91 티끌 모아 태산

먼지처럼 작은 것도 꾸준히 모으면 큰 산이 되는 것처럼
아무리 작은 것이라도 조금씩 모으다 보면 큰 것이 된다는 뜻이에요.

단어 뜻 **티끌 :** 먼지처럼 작은 부스러기를 말해요. **태산 :** 중국에 있는 높고 큰 산의 이름이에요.

바르게 따라 써 보세요.

티	끌		모	아		태	산			
티	끌		모	아		태	산			

아래 칸에 맞춰 써 보세요.

티끌 모아 태산

이럴 때 이렇게!

- 벌써 저금통이 가득 차다니, 티끌 모아 태산이라는 말이 맞아.
- 티끌 모아 태산이라더니 날마다 조금씩 읽은 책이 벌써 100권이 됐어.

92

팔은 안으로 굽는다.

팔이 바깥쪽으로 굽혀지지 않듯이 사람은 자신과 가까운 사람에게 마음이 가고, 그 사람의 편을 들게 된다는 뜻이에요.

바르게 따라 써 보세요.

팔	은		안	으	로		굽	는	다	.
팔	은		안	으	로		굽	는	다	.

아래 칸에 맞춰 써 보세요.

팔은 안으로 굽는다.

이럴 때 이렇게!

- 팔은 안으로 굽는다더니 자기 동생만 챙기는군.
- 팔은 안으로 굽는다고 우리 고향 출신 선수를 응원할 거야.

93

평안 감사도 저 싫으면 그만이다.

옛날에 평안도 지방의 감사는 누구나 부러워하는 벼슬자리였어요. 하지만 그 자리도 싫다고 하는 것은 아무리 좋은 것도 자기가 하기 싫으면 억지로 시킬 수 없다는 뜻이에요.

바르게 따라 써 보세요.

평	안		감	사	도		저		싫	으
평	안		감	사	도		저		싫	으
면		그	만	이	다	.				
면		그	만	이	다	.				

아래 칸에 맞춰 써 보세요.

평안 감사도 저 싫으면 그만이다.

이럴 때 이렇게!

- 평안 감사도 저 싫으면 그만이라더니 사 준다고 해도 싫대.
- 싫으면 안 해도 돼. 평안 감사도 저 싫으면 그만이야!

94

하나를 보면 열을 안다.

뛰어난 사람은 한 가지를 가르치면 열 가지를 깨우친다는 말이에요. 일부만 봐도 전체를 짐작할 수 있고, 사람의 한 가지 행동만 봐도 평소의 행동이 어떤지 헤아릴 수 있다는 뜻이에요.

바르게 따라 써 보세요.

하	나	를		보	면		열	을		안
하	나	를		보	면		열	을		안
다	.									
다	.									

아래 칸에 맞춰 써 보세요.

하나를 보면 열을 안다.

이럴 때 이렇게!

- 하나를 보면 열을 안다고 발표를 잘하는 걸 보니 공부도 잘할 것 같아.
- 학교에서 말썽 피우는 걸 보면, 하나를 보면 열을 안다고 집에서도 어떤지 알겠어.

95 하늘이 무너져도 솟아날 구멍이 있다.

하늘이 무너지는 큰일이 생겨도 살아날 길은 있다는 말로,
아무리 어려운 일이 생겨도 해결해 나갈 방법이 있다는 뜻이에요.

바르게 따라 써 보세요.

하 늘 이 무 너 져 도 솟 아

하 늘 이 무 너 져 도 솟 아

날 구 멍 이 있 다 .

날 구 멍 이 있 다 .

아래 칸에 맞춰 써 보세요.

하늘이 무너져도 솟아날 구멍이 있다.

이럴 때 이렇게!

- 하늘이 무너져도 솟아날 구멍이 있으니 지금이라도 열심히 노력해 봐.
- 이번 일이 잘 안 되었다고 너무 실망하지 마. 하늘이 무너져도 솟아날 구멍이 있다잖아.

96 하룻강아지 범 무서운 줄 모른다.

어린 강아지는 호랑이가 무서운지 잘 알지 못한다는 말로,
자신보다 훨씬 강한 사람에게 철없이 덤빈다는 뜻이에요.

단어 뜻 **하룻강아지 :** 태어난 지 얼마 안 된 강아지를 말해요. **범 :** 호랑이를 뜻해요.

바르게 따라 써 보세요.

하 룻 강 아 지 범 무 서 운 ∨

하 룻 강 아 지 범 무 서 운

줄 모 른 다.

줄 모 른 다.

아래 칸에 맞춰 써 보세요.

하룻강아지 범 무서운 줄 모른다.

이럴 때 이렇게!

- 하룻강아지 범 무서운 줄 모르고 나를 자꾸 놀리는 친구가 있어.
- 형한테 대드는 건 하룻강아지 범 무서운 줄 모르고 덤비는 것과 같아.

97

형만 한 아우 없다.

어떤 일을 하든지 형이 아우보다 낫다는 뜻으로, 아우가 형을 생각하는 것보다 형이 아우를 생각하고 사랑하는 마음이 크다는 뜻도 있어요.

단어 뜻 **아우 :** 남자 동생을 이르는 말이에요.

바르게 따라 써 보세요.

형	만		한		아	우		없	다	.
형	만		한		아	우		없	다	.

아래 칸에 맞춰 써 보세요.

형만 한 아우 없다.

이럴 때 이렇게!

- 장난감도 동생한테 양보하고, 형만 한 아우 없다는 말이 맞아.
- 형만 한 아우 없다더니 형이 일부러 동생한테 팔씨름을 져 줬구나.

98 호랑이 굴에 들어가야 호랑이를 잡는다.

호랑이를 잡으려면 용기를 내서 호랑이 굴에 들어가야 해요.
이처럼 목표를 이루려면 어려움도 참고 견뎌야 한다는 뜻으로
꼭 해야 할 일이라면 용기를 내어 하라는 말이에요.

바르게 따라 써 보세요.

호	랑	이		굴	에		들	어	가	야 ∨
호	랑	이		굴	에		들	어	가	야
호	랑	이	를		잡	는	다	.		
호	랑	이	를		잡	는	다	.		

아래 칸에 맞춰 써 보세요.

호랑이 굴에 들어가야 호랑이를 잡는다.

이럴 때 이렇게!

- 호랑이 굴에 들어가야 호랑이를 잡는다고 공부를 하려면 책상에 앉아야지.
- 호랑이 굴에 들어가야 호랑이를 잡을 수 있듯이 수영을 배우려면 우선 물에 들어가야 해.

99 호랑이도 제 말 하면 온다.

깊은 산에 사는 호랑이도 자기 이야기를 하면 찾아온다는 뜻으로,
남의 이야기를 하고 있는데 그 사람이 갑자기 나타날 때 쓰는 말이에요.

바르게 따라 써 보세요.

호	랑	이	도		제		말		하	면 ∨
호	랑	이	도		제		말		하	면
온	다	.								
온	다	.								

아래 칸에 맞춰 써 보세요.

호랑이도 제 말 하면 온다.

이럴 때 이렇게!

- 친구들 흉을 함부로 보면 안 돼! 호랑이도 제 말 하면 온다고 했어.
- 호랑이도 제 말 하면 온다더니 지금 네 이야기하고 있었어.

100 호미로 막을 것을 가래로 막는다.

호미처럼 작은 것으로 막을 수 있었던 것을 게으름을 피우다 가래로 막는다는 뜻이에요. 적은 힘으로 쉽게 해결할 수 있는 일을 미루다가 큰 힘을 들일 때 쓰는 말이에요.

단어 뜻 **호미 :** 밭에서 땅을 팔 때 쓰는 작은 농기구예요. **가래 :** 땅을 깊이 파는 큰 농기구예요.

바르게 따라 써 보세요.

호	미	로		막	을		것	을		가
호	미	로		막	을		것	을		가
래	로		막	는	다	.				
래	로		막	는	다	.				

아래 칸에 맞춰 써 보세요.

호미로 막을 것을 가래로 막는다.

이럴 때 이렇게!

- 호미로 막을 것을 가래로 막지 않도록 방학 숙제는 미리 미리 해야 해!
- 빨리 병원에 가지 않으면 호미로 막을 것을 가래로 막게 돼.

재미있는 속담 퀴즈

1 다음 속담의 빈칸에 들어갈 알맞은 말을 쓰세요.

1) □□□도 제 말 하면 온다.

2) 하나를 보면 □을 안다.

3) 참새가 □□□을 그저 지나랴.

4) 하늘이 무너져도 솟아날 □□이 있다.

5) 호미로 막을 것을 □□로 막는다.

6) □□도 위아래가 있다.

7) 팔은 □으로 굽는다.

8) □□□□ 범 무서운 줄 모른다.

9) 천 리 길도 □ □□부터

10) 형만 한 □□ 없다.

정답

1. 1) 호랑이 2) 열 3) 방앗간 4) 구멍 5) 가래
6) 찬물 7) 안 8) 하룻강아지 9) 한 걸음 10) 아우

2 아래 단어가 들어가는 속담을 3가지 이상 쓰세요.

태산 호랑이 굴 토끼 호미

메주 평안 감사 콩

3 다음 상황에 어울리는 속담을 쓰세요.

어제 옆집 할머니 이야기가 뉴스에 나왔어.

무슨 이야긴데?

할머니가 폐지를 모으시잖아.

글쎄 그 돈을 저축해서 대학에 1억 원을 기부하셨대.

정답

2. 티끌 모아 태산 / 콩으로 메주를 쑨다 하여도 곧이듣지 않는다. / 토끼 둘을 잡으려다가 하나도 못 잡는다. / 평안 감사도 저 싫으면 그만이다. / 호랑이 굴에 들어가야 호랑이를 잡는다. / 콩 심은 데 콩 나고, 팥 심은 데 팥 난다. / 호미로 막을 것을 가래로 막는다.
3. 티끌 모아 태산이라더니! / 티끌 모아 태산이라는 말이 맞구나. 등등

지은이 **키즈키즈 교육연구소**
기획과 편집, 창작 활동을 전문으로 하는 유아동 교육연구소입니다.
어린이들이 건강한 생각을 키우고 올곧은 인성을 세우는 데 도움이 되는
교육 콘텐츠를 개발하고 있습니다. 즐기면서 배울 수 있는 프로그램 개발에도
힘쓰고 있으며, 단행본과 학습지 등 다양한 분야에서 활동하고 있습니다.

하루 10분 속담 1단계 따라쓰기

중쇄 인쇄 | 2024년 12월 24일
중쇄 발행 | 2024년 12월 30일
지은이 | 키즈키즈 교육연구소
펴낸이 | 박수길
펴낸곳 | (주)도서출판 미래지식
기획 편집 | 이솔 · 김아롬
디자인 | design Ko

주소 | 경기도 고양시 덕양구 통일로 140 삼송테크노밸리 A동 3층 333호
전화 | 02)389-0152
팩스 | 02)389-0156
홈페이지 | www.miraejisig.co.kr
이메일 | miraejisig@naver.com
등록번호 | 제2018-000205호

*값은 표지 뒷면에 표기되어 있습니다.
*잘못된 책은 구입하신 서점에서 바꾸어 드립니다.

ISBN 979-11-90107-45-7 64700
ISBN 979-11-90107-41-9 (세트)

*미래주니어는 미래지식의 어린이책 브랜드입니다.